소리 · 열다섯

담마와 아비담마

- 종교 애기를 곁들여서 -

말한이 활성

고요한소리

일러두기

활성 스님께서 2018년 5월 20일 〈고요한소리〉 역경원에서 하신 초파일 법문을 정리한 것이다.

차 례

불교는 종교인가?

오늘은 정기법회 겸, 초파일법회 겸 하는 법회이니까 오늘 이야기는 초파일에 중점을 두는 게 맞겠지요. 초파일 얘기로 시작해 보겠습니다.

초파일이라고 하니까 상당히 종교적 분위기가 납니다. 부처님 오신 날을 기린다는 원래의 뜻도 있고, 연등도 다니까 종교 축제의 분위기가 많이 나지요. 그러고 보니 우리가 자연스럽게 '종교'라는 말을 참 많이 쓰고 있습니다. 특히나 기독교와 대비하면서 불교란 말을 쓸 경우에는 불교도 영락없이 종교가 되어 버립니다. 그런데 '영락없이 종교가 되어 버린다.' 이 말 좀 이상하게 들리지 않습니까? 불교가 종교가 아닌데 우리가 그렇게 잘못 쓰고 있다는 느낌을 풍기지 않습니까? 그럼 도대체 종교란 무엇일까요? 국어사전을 보니 '신이나 절대자를 인정하여 일정한 양식에 따라 그것을 믿고, 숭배하고, 받듦으로써 마음의 평안과 행복을 얻고자 하는 정신문화의 한 체계'라 풀이되고 있습니다. 여기서 눈이 멈추는 곳은 '신이나 절대자'에 대한 언급입니다. 이 기준에 의하면 불교는 부처님을 신이나 절대자로 생각한 일은 없기 때문에 종교의 범위에 들지 않습니다. 그런데도 불교에 '교教' 자가 들어 있는 탓에 흔히 말하는 종교의 범주에 드는 것으로 생각하기 쉽습니다. 기독교, 이슬람교, 힌두교, 국교 등등 종교의 뜻이 분명한 용어가 많다보니 불교의 '교' 자도 어느덧 그런 식의 종교를 지칭하는 것으로 인식되고 있는 거지요. 그런데 불교의 경우 '교' 자는 '가르침' '교' 자이지, '부처님에 대한 신앙'이라는 뜻의 '교' 자 아닙니다. 그런데도 우리는 '신앙'과 '가르침'을 구분하는 그 엄격성을 어느새 포기해 버리고 있는 거지요.

국민 중에 기독교가 몇 프로, 불교가 몇 프로 이런 식으로 쓰다 보니 으레 그런 걸로 당연한 듯이 받아들이고 있어요. 시류가 그러니까 어쩔 수 없다는 식으로 넘겨야 할 일인지 우리 한번 꼼꼼히 생각해 봅시다.

부처님 당신은 종교 창시자를 표방하신 적이 없습니다. 뿐만 아니라 종교화되는 것을 극력 피하려고 노력하셨지요. 당신의 가르침이 하나의 종교로서 받아들여지는 것, 그것은 부처님으로서는 어떻게든 막고 싶은 일이었을 것이라 생각됩니다.

'종교', 우리가 쓰는 이 종교라는 말의 연원이 어떻게 되는지 잘 모르지만 서양에서 종교를 릴리전

---

1 '종교'라는 말은 원래 '근본이 되는 가르침'을 의미하는 불교 용어이고, 한 종宗의 가르침을 일컫던 말인데 일본에서 명치유신 때 'religion'의 역어로 사용하면서 일반화되었다. '신앙' 역시나 (religious) faith의 역어인 듯하다. 동양에서는 신앙체계를 지칭할 때 백백교白白敎·오두미교五斗米敎처럼 종宗이 붙지 않은 '교敎'를 써 왔음.

religion이라고 쓰듯이 우리도 그렇게 쓰고 있지요. 또 페이스faith라는 말도 쓰고 빌리프belief라는 말도 쓰지 않습니까. 그런 용어들이 모두 조금씩 뉘앙스가 다른 것 같습니다.

엘리아데Eliade의 종교사전[2]을 보니까 종교란 '유대교·기독교·이슬람교'의 유신론적 전통에서 서양의 독특한 종교관이 형성되었으며, 거기서는 이분법적으로 신의 세계와 인간의 세계를 엄격하게 구분하고 있다고 해요. 그래서인지 요즘 우리가 쓰고 있는 릴리전 religion이라는 말에는 세상을 이분법적으로 나누어 보는 눈, 그게 전제되어 있고 릴리전이라는 개념에는 신神이 전제되어 있는 겁니다. 절대자인 신, 창조주인 신, 전지전능한 신과 그 신의 세계가 있고, 그 신이 만

---

2 미르체아 엘리아데Mircea Eliade(1907~1986) : 루마니아 출신의 미국 종교학자. 《*The Encyclopedia of Religion*》, Macmillan Publishing Company, New york, 1987.

든 피조물로서의 인간과 인간세人間世가 있지요. 다시 말해 인간은 한낱 피조물에 불과한 존재라고 전제되어 있습니다. 이렇게 되면 불교는 자연히 그러한 릴리전, 즉 종교와는 연이 닿지 않습니다. 불교는 창조주로서의 신을 인정하지 않기 때문입니다. 물론 인간을 신의 피조물로 보지도 않습니다.

그리고 페이스faith, 이것도 종교적 신앙이라고 이해하고 번역한다면, 역시 불교와는 연이 닿지 않습니다. 원래 불교는 신앙이 아니고 신앙 체계도 아니거든요. 또 빌리프belief도 믿음이라 이해할 경우, 그것이 어느 목사의 '믿씁니다!!' 하는 식의 그 믿음이라면, 그것도 불교와는 맞지 않습니다. 그러니까 서양의 용어들은 어느 정도 농도 차이가 있을 뿐이지, 전부 신을 전제로 하고 신과 인간을 대척시키는 입장에서 하는 이야기들입니다. 그래서 그런 용어들은 엄격하게 따질 것은 따져서 구분해서 써야 할 것입니다.

우리 동양권에도 샤머니즘, 유교, 도교, 대승 불교,

밀교 등 넓은 의미의 종교생활 내지 신앙생활은 예전부터 있었고 그 중 밀교나 대승 불교는 신앙적인 면이 확실히 있습니다. 대승 불교 경전 중에도, 예를 들어 법화경 같은 경우 다소 신앙적인 면이 있다고 보던데, 그걸 두고 대승 불교가 릴리전이란 뜻에서의 종교라고 말하면 맞지 않습니다. 부처를 신격화시키는 면이 있지만 신과 인간을 이분법적으로 이해하는 일은 없는 만큼 결코 서양식 릴리전의 범주에 들지 않습니다. 이 문제를 짚어보는 것이 별 거 아닌 것 같지만 한국 불교의 정체성을 확인하는 데에는 도움이 됩니다.

종교와 지혜

그럼 과연 불교와 종교의 관계가 어떻게 되는지 생각해 봅시다.

부처님 당신은 앞에서 말했듯이 종교 창시자를 자처

한 일이 없고 종교적 지도자로 활동하지도 않았습니다. 부처님은 오히려 종교를 거부, 배척하셨지요. 부처님 당신과 당신의 가르침이 종교화될까 봐 많은 신경을 쓰신 걸로 경에 나타납니다. 예나 지금이나 인도라는 땅의 분위기가 굉장히 신앙적이기 때문에 그 사회 속에서 탄생한 불교가 그쪽 면에 대해서 신경을 많이 쓰게 되는 것은 당연하겠지요. 부처님이 법法, 담마*Dhamma*를 당신 가르침의 뼈대로 세우신 것도 신앙화를 방지하려는 의도가 강력하게 작용하고 있다고 보입니다. 신앙적 태도를 강조하다 보면 사람이 이성적이기 보다는 감성적인 쪽으로 경도되어 버리기 쉽지요. 어떤 사람을 두고 '그 사람 종교적이야!' 하고 말한다면 그것은 그 사람이 이성적, 객관적인 자세를 유지하기보다는 추상적이며 증명되지 않는 신이나 신성을 좇아 경도되어 있다는 뜻이 되니까요. 그래서 부처님은 경도됨이 없이 중도中道를 견지하는 건전한 인간의 자세를 '지혜*paññā*'에서 구합니다.

지혜는 이성과 불가분의 관계입니다. 이걸 좀 더 살펴봅시다. 부처님은 인과因果의 연결 고리를 통해 모든 문제를 풀어나가십니다. '지혜가 중요하다.' 하시고 그러면 지혜의 인因은 무엇인가 하고 풀어나가시지요. 그 인과의 고리를 '연기緣起'라 하고 연기의 맥락을 설하신 대표적인 체계가 십이연기十二緣起입니다. 십이연기에서 제일 앞에 무명無明이 나옵니다. 무명은 명明이 없음, 명이 결여됨이고, 바로 이 명의 결여가 모든 고苦의 시작이요, 모든 고의 근본 원인입니다. 따라서 고와 고의 원인을 강조를 하실 때에는 그만큼 명, 그리고 명의 근원인 지혜를 강조하고 계신 것입니다. 불교 교리를 자세히 보면 우리 마음에 있는 이성적 요소와 감성적 요소의 차이에 대해 중점을 두고 있다는 것을 알 수 있습니다. 지혜가 어떻게 나올 수 있고 어떻게 증장될 수 있는가 라는 문제도 이 두 요소를 중심으로 풀어 나갑니다.

불교 전통에서는 이 문제를 심·의·식心意識의 삼분

법을 통해 보다 심도 있게 파고듭니다. 식識은 십이연기에서 보듯이 인간 존재 및 윤회의 근간을 이루는 주요 요소입니다. 심心은 광범위하게 심·의·식 모두를 아우르는 넓은 뜻도 있고, 탐·진·치 삼독과 연결되는 중생살이의 근간을 이루기도 하고, 또 계·정·혜 삼학을 계·심·혜 삼학이라고도 하듯이 향상의 요소이기도 합니다. 심은 그렇게 다양한 뜻을 지닙니다. 이에 반해 의意는 안·이·비·설·신·의 육근六根의 제 육근으로서 처음부터 오로지 법을 대상으로 하는 외길이기에 지혜·해탈·열반으로 연결되는 향상의 근간입니다. 그런데 식識, 윈냐아나*viññāṇa*를 영역할 경우 보통 컨셔스니스consciousness로 옮기고 이걸 다시 우리말로 옮길 때는 '의식'이라 합니다.

우리도 그동안 BPS 책들을 번역하면서 의식이라는 말을 쓰기도 했지요. 하지만 윈냐아나를 '의식'이라고 번역하는 데에는 다소 문제가 따릅니다. 경에 보면 의意는 마노*mano*이고 식識은 윈냐아나*viññāṇa*로 서로 다릅니다. 그러니까 이 '의'는 식을 번역하면서 '의식'이라고 하는 경우처럼 한낱 수식어처럼 쓰일 용어가 아니고 그 자체로 불교 교리에 있어서 매우 중요한 위치를 점하는 용어입니다.

부처님은 이 의意에 대단히 중요한 역할을 부여하십니다. 지금까지 법회에서 '의'의 중요성을 언급한 일이 많았으므로 여기에서는 간단히 살펴보겠습니다. 마노 *mano*, 의는 육내처六內處에선 의처意處가 되고 육근六根에선 의근意根이 되며, 이 의근*manoindriya*을 잘 계발하면 지혜가 열리게 되므로, 의는 지혜의 근원이라 할 수 있는 중요한 개념입니다. 거기에 반해 식의 경우, 지혜를 도울 수도 있지만 그 분별하는 기능은 지혜의 직관을 방해할 수 있습니다. 경에서도 빤냐는 어떻게든 발전 계발되어야 할 권장 대상이고 이에 반해 윈냐아나는 탈피해야 하고 확인해야 할 대상라고 분명하게 강조되고 있으니까요.3

그러면 의근意根을 발전시켜서 지혜로 나아가려면

14

어떻게 접근해야 하는가? 물론 그 길은 팔정도입니다. 지혜가 계발되려면 팔정도 중에서도 특히 바른 마음챙김[正念], 사띠sati를 닦아야 합니다. 사띠를 닦아 의, 마노를 지킴으로써 법을 지키게 되고 법을 지킴으로써 지혜를 계발하게 됩니다.

그러려면 무엇보다도 신앙적 태도부터 지양해야 합니다. 우리가 어떤 경로로건 종교적인 태도를 지니게 되거나 일단 뭔가 하나를 믿게 되고 거기에 전적으로 의지하게 되면 합리적이고 넓은 사유 자체가 봉쇄되어 버립니다. 넓게 생각하지 못하고, 지금 자신이 믿고 있는 그것이 옳으냐 그르냐 하는 쪽에 치우치게 되어 버리지요. 이것을 믿어서 옳은가 아닌가? 괜찮을까 안 되는 걸까? 잘 하는 걸까 잘 못하는 걸까? 하는 식으로 치우치게 되지요. 그리 되어 버리면 일체 사물의

---

3 *Paññā bhāvetabbā viññāṇaṃ pariññeyyaṃ*, 《중부》 I, 43경, p. 293.

본질을 따지고 그걸 더 캐내고 지혜를 계발시키는 것과는 거리가 멀어져 버립니다. 그리하여 점점 맹목적이 되기 쉽습니다. 그런데 이 맹목성盲目性이야말로 불교에서 가장 기피하는 것입니다. 무엇을 사유하되 맹목적으로 접근하면 안 되는 겁니다. 맹목성은 바로 감은 눈인데, 그런 감은 눈으로 무슨 지혜의 문이 열립니까. 눈 뜬 장님이 될 뿐이지요.

우리는 장님이 되어서는 안 되겠고 어떻게 해서든 눈을 또렷하게 뜨고 지혜를 자꾸만 계발해야 합니다. 지혜가 무엇입니까. 부처님 법을 알면 그것이 지혜가 되지요. 지혜가 따로 있나요. 부처님 법을 아는 게 지혜입니다. 사띠는 지혜를 닦는 첩경이고 바른 길입니다. 그렇게 보면 사띠, 바른 마음챙김은 팔정도의 나머지 일곱 요소가 구족된 사람이라도 사띠가 빠지면 지혜가 없을 수밖에 없습니다. 사띠가 갖추어지면 팔정도는 저절로 구족되어서 마침내 진리가 진리답게 확립됩니다. 우리는 부처님 법과 법의 체계를 올바로 이해하고 올바로 써서 법의 혜택을 누리게 되어야 합니다. 그것이 이익을 누리는 것이지요. 이익이라는 말이 속된 말 같지만 이익처럼 좋은 게 없지요. 금전적 이익이 아닙니다. 지혜의 발전에 도움이 되고 행복을 더 돋우어 주는 것이 진정한 이익 아니겠습니까.

담마*Dhamma*의 가르침인 불교

앞에서 불교는 종교가 아니고 종교적 태도를 피해야 한다고 했지요. 불교가 종교 아니면 무엇인가? 불교는 무엇을 가르치는 것인가? 불교는 법, 담마*Dhamma*를 가르칩니다. 곧 담마는 진리의 가르침입니다. 방금 법法, 담마*Dhamma*라는 말을 썼는데, 빠알리어*Pāli*로는 담마*Dhamma*이고 산스크리트어로는 다르마*Dharma*이지요. 다르마는 주로 '의무'를 뜻하는데 그러면 담마는 무엇인가? 참 어려운 말입니다. 전에도 이 자리에서 몇 번 소개했지만, 오

17

죽 어려웠으면 유명한 불교학자인 영국의 곰브리치 교수
는 담마가 36가지 뜻으로 다양하게 쓰인다고 밝혔을 정도
입니다.

　그 담마, 그것을 깊이 논하기는 쉬운 일이 아닌데
그렇다고 그 어려운 상태를 그대로 둘 수는 없으므로
저는 일단 담마를 이렇게 규정해 봅니다. 요컨대 법,
담마란 부처님이 우리 중생들에게 주시기 위해서 '부
처님 당신이 깨달으신 지혜의 소식을 중생이 이해할
수 있는, 중생이 쓰는 언어로 담아 낸 진리의 소식'입
니다. 부처님은 붓다, 깨달으신 분입니다. 부처님이 무
엇을 깨달으셨는가? 진리를 깨달으셨습니다. 진리를
깨달으신 붓다가 당신이 알게 된 그 진리의 소식을 중
생들에게 전하려고 나서신 것 아닙니까. 어떻게 중생
들에게 전하느냐. '내가 이러 이러한 것을 깨달았는데,
너희도 이것을 알고 깨달아라.' 그러면 중생들이 어떻
게 해야 알 수 있는가? 부처님으로서는 중생들이 알
수 있도록 뭔가 방법을 체계 정연하게 세워서 가르치

서야 될 것 아닙니까.

담마의 영어 번역어 중에 가르침teaching, 사물things, 현상phenomena, 이런 말들이 있지요. 그런 것이 다 맞는 것 같아요. 모든 사물이 진리의 눈에서 보면 진리의 소식이고 진리의 표현입니다. 세상에 진리의 현현顯現, 진리의 표현 아닌 것이 있습니까. 산천초목이 다 진리의 소식 아닙니까. 우리 마음속에 있는 모든 작용, 심리적 작용도 어떻게 보면 진리의 소식이겠지요. 진리와 아예 관계없는 일이 어디 있겠습니까.

진리란 보편적이어야 하니까 만일 진리와 관계없는 일이 있을 수 있다면, 그때 그건 진리라 할 수 없는 거지요. 보편성, 그것도 완벽한 보편성이 진리의 특성 아니겠습니까. 여기서는 맞고 저기서는 안 맞으면 그건 진리가 아니지요. 그렇게 보편적이고 시공時空을 초월한 것이 진리sacca이고, 그 진리를 담아낸 언어적 수단 방편이 담마입니다. 그러니까 어디까지나 담마는 부처님의 지혜 분상分上에서만 만들 수 있습니다. 저는 부처님이 법을 만드셨다고 표현합니다. 부처님 당신이 깨달으시고, 그 깨달으신 것을 당신 식으로 표현하시면서 그것을 담마라 하셨으니까요. 부처님이 담마, 법을 만드신 겁니다. 또 그 담마를 길이 보존하며 정확히 누리도록 법수法數로 엮고 문법으로 체계를 세웁니다.

따라서 그 법을 부처님 외에 다른 사람은 만들 수 없습니다. 빠알리 경을 자세히 보면 부처님 제자 중 지혜 제일이라는 사아리뿟다도 부처님이 말씀하신 법, 그 범주 안에서 그 뜻에 맞게 정확하게 법을 쓰기만 하지, 거기에 어떤 것도 자기 임의로 보태지는 않습니다. 어느 제자나 법을 쓸 때 다 그렇습니다. 목갈라나도 신통력까지 써가면서 모든 면에서 법을 활용하고 또 가르쳐요. 그러나 법에 어긋나거나 벗어나지 않습니다.

대표적인 예로 그 유명한 고싱가 숲에서의 아름다운 장면4이 나오지요. 고싱가 숲에서 부처님의 큰 제자대 여섯 분이 만나서 이야기를 나누시는데, '이 좋은 달밤에 이 경치에 어울리는 것이 어떤 사람일까? 각자 한번 소회를 말해 보시오.'라고 사아리뿟다가 제안했다지요. 그러니까 각자 자기가 가장 중요시하는 것, 그게 바로 이럴 때 가장 잘 어울릴 거라고 대답했다지요. 예를 들면 다문제일多聞第一 아아난다는 다문하는 그 사람이 제일 어울린다고 대답합니다. 각자가 그런 식인데 목갈라나가 매우 의미심장한 말을 합니다. 목갈라나는 아시다시피 신통제일神通第一 아닙니까. '신통 제일 잘하는 사람이 어울리지요'라고 말 할 것 같은데, 목갈라나는 그러질 않고, '아비담마abhidhamma 문답을 하는데 조금도 담마에서 벗어나는 일이 없이 유창한 사람, 그 사람이 가장 어울린다.'라고 말합니다. 왜 신통력 제일 잘 쓰는 분이 아비담마를 제일로 칠까요? 그리고 아비담마가 담마에서 어긋나지 않음을 제일로

4 〈고싱가사알라 긴 경Mahā-Gosiṅgasāla Sutta〉, 《중부》, 32.

칠까요? 아마도 아비담마야말로 진정한 신통이라 생각했기 때문이 아닐까요. 이런 걸 볼 때 부처님 제자들의 법에 대한 기본적 태도가 그대로 드러납니다. 부처님 제자들은 아비담마를 끊임없이 논하는데 조금도 담마, 법에서 벗어나는 일이 없다는 것, 그것은 참 멋지고 의미심장합니다.

담마와 아비담마

그러면 아비담마란 무엇인가? 아비담마는 이렇게 정의할 수 있을 것 같습니다. '부처님 분상에서 당신이 깨달으신 진리를 설하신 것, 그것이 담마인데, 제자들이 그걸 받아들여서 이해하고 활용하고 또 적용할 때, 그 분상에서의 담마가 아비담마이다.' 담마와 아비담마는 그렇게 다르다고 봅니다. 그러니까 우리 불제자는 아비담마를 이야기할 수 있고, 아비담마를 만들 수 있고, 또 어떤 면에서는 끊임없이 아비담마를 만들어야 합니다. 세상은 끊임없이 변하는데 거기에 대응하는 아비담마를 만드는 흐름이 불제자들 사이에서 끊어졌다 하면, 그때부터 이미 불교가 죽고 시체나 다름없지요. 그래서 불제자는 끊임없이 아비담마를 만들어 나가야 하고 또 만들어낼 수 있어야 합니다.

아비담마는 어떤 배경에서 어떤 식으로 만들어질까요? 진리가 시공을 초월했다면 아비담마는 당연히 그 시대 그 장소, 말하자면 시공의 한계 내에서 만들어지지요. 그게 아비담마입니다. 부처님 분상에서 진리를 깨닫고 만드신 담마는 시공을 초월합니다. 그러나 아비담마는 이미 이러한 담마가 만들어져 있는 분상에서 시대 상황에 대처하여 중생을 이끌어야 하는 입장이기 때문에 시공의 제약을 받고 시공에 가장 충실하면서 또 시공의 요구를 가장 성실히 반영하는 담마 해석을 하지 않을 수 없고 그렇게 해석해 낼 때 그것이 아비담마가 되는 겁니다.

아비담마도 담마이니까 담마를 벗어나면 안 되고 어디까지나 담마적 특성을 유지해야 합니다. 담마적 특성을 유지한다는 말은 아비담마가 그만큼 시공에 충실하면서도 중생에게 이익을 능히 줄 수 있는 그러한 체계라야 한다는 뜻입니다. 다시 말해 아비담마는 현실적으로 중생들이 살아가는 데 있어서 유용해야 합니다. 그래야 아비담마입니다. 삼장 중의 논장論藏이 원조 아비담마인데, 말 그대로 '아비담마를 담은 바구니'이지요. 논장은 당시 부처님의 직계 제자로부터 시작되었겠지만 아마 부처님이 돌아가시고 난 후에 다음 세대 제자들이 엮은 것이 아닌가 합니다.

아비담마를 누가 썼는지 이야기가 분분하지요. 사아리뿟다가 아비담마를 다 썼다는 말도 있으나 사실이 아닐 테고, 부처님이 도솔천에서 마야 부인에게 하신 설법을 사아리뿟다가 듣고 와서 전했다는 설도 어쩐지 석연치 않아요. 부처님의 후대 제자들이 아비담마를 엮었다고 봅니다. 칠론七論 중 제5 논사론論事論은 저자가 분명하고 남방에서는 논사론의 해석분만은 아쇼카 재위시 목갈리뿟따 띳사가 설한 것으로 인정하니 문제될 게 없고 앞의 논들은 제자들이 엮으면서 부처님의 가르침에 충실했다는 점을 강조하기 위해 부처님과 사아리뿟다를 인연 지은 게 아닌가 합니다. 그렇게 아비담마가 탄생했고, 그 배경에는 당연히 부처님 제자들이 당면하고 있던 여러 현실 상황이 놓여 있을 수밖에 없습니다. 그 후에도 계속 아비담마가 창조되는데, 그럼 어떤 상황이 불교사를 통해 가장 중대한 영향력을 아비담마에 끼쳤을까요.

불교 변천사는 바깥의 도전에 대한 대응사

여러분이 불교사를 읽을 때 그냥 불교 내부사로서만 읽기 쉽습니다. 불교에서 직계제자들 시대, 그 다음에 부파 불교시대, 소승 불교, 대승 불교 이런 논의를 계속하는데, 그것이 전적으로 바람직한, 타당한 태도일까요. 불교가 여러 가지 변천을 겪게 되는 가장 큰 원인, 즉 그때그때마다 변천의 동기를 부여하고 또 제약하고 또 어떻게 보면 불교가 대응하게 되는 그 도전, 그 근본 원인은 오히려 바깥에서 찾아야 한다고 봅니다. 불교의 변천을 살펴볼 때 육사외도六師外道,5 유물론 등이 관련이 있기는 하지만 무엇보다 가장 기본이 되는 것은 불교와 브라마니즘과의 관계입니다. 실제로 우파니샤드로 대변되는 브라마니즘과 육파 철학六派哲學6을 위시한 브라마니즘의 후속편인 힌두교7와 불교

---

5 육사외도六師外道 : 세존 당시 인도에서 활약한 여섯 철학파. 베다의 권위를 부정한 비정통파란 점이 공통될 뿐 각기 자유로이 가르침을 펼쳤다. 엄격히 계율을 지키기 위해 고행 중심을 견지한 자이나교의 니간타 나아따뿟따, 회의론자 산자야 베랏티뿟따, 유물론에 입각한 쾌락주의자 아지따 께사깜바라, 역시 유물론적 입장에서 지·수·화·풍·고·낙·영혼의 일곱 요소의 실재를 주장한 빠꾸다 깟차야나, 도덕을 부정한 뿌우라나 깟사빠, 업에 의한 윤회를 부정하여 숙명론을 주장한 막칼리 고사아라.

와의 상호 접촉 관계, 이것이 불교 변천에 있어 가장 큰 동인動因이며, 자이나교 등 육사외도는 접촉은 많았 겠지만 부처님과 불교교단에 크게 영향을 끼칠 정도는 못되었으리라 봅니다. 불교가 힌두교 등 브라마니즘의 도전에 대응하면서 나타난 모습이 부파 불교8 같은 것

---

6 육파 철학六派哲學 : 바라문교 계통의 여섯 학파의 철학.
  1.상캬학파[數論派] : 카필라(기원전 4~3세기) 창시, 수론경.
  2.요가학파[瑜伽派] : 파탄잘리(기원전 4~3세기) 창시, 요가경.
  3.미망사학파[聲論派] : 자이미니(기원전 2~1세기) 창시, 미 망사경.
  4.바이셰시카학파[勝論派] : 카나다(기원전 2~1세기) 창시, 승론경.
  5.느야야학파[正理論派] : 가우타마(2~1세기) 창시, 정리경.
  6.베단타학파[吠檀多派] : 바다라야나(기원전 1세기) 창시, 베 단타경.
7 힌두교 : 아리안족의 종교였던 브라만교가 변천한 형태. 브라만 교를 중심으로 불교와 민간신앙이 융합하여 발전, 정립된 것이 힌두교이다.
8 부파 불교部波佛敎 : 석가 및 직계제자 시대의 초기 불교를 계 승하고, 대승 불교와 병존·대항해서 인도에서 발전한 불교. 신 흥의 대승 불교 측에서는 '소승 불교'라 하지만, '부파 불교' 또는

27

입니다. 알다시피 힌두교는 부처님 이후에 생긴 겁니다. 불교를 브라마니즘과 그 후신인 힌두교와의 관계 면에서 살펴보아야만 불교가 왜 그때 그런 일을 하게 되고 왜 그런 이야기가 나올 수밖에 없었던가를 이해할 수 있으리라 봅니다.

이런 주제는 그 방면 전공자가 아닌 제가 함부로 용훼할 일이 아니지만 문제 제기 차원에서 학자들의 논의를 담은 2차 문헌 자료들에 입각하여 자유롭게 사유해 보고자 합니다. 전에도 이야기한 바가 있지만, 불교는 부처님의 지혜와 자비심에 의지합니다. 부처님의 천재성은 인도 역사에 참으로 지대한 영향을 끼쳤다고 봅니다. 부처님이 설하신 법도 당연히 큰 영향

'아비담마 불교'임. 석가 열반 후 100년경(기원전 3세기), 불교 교단은 계율이나 교리의 해석상의 의견 대립에 의해 보수적인 상좌부와 진보적인 대중부로 분열됨. 이후 분파를 거듭해 상좌부계 11부와 대중부계 9부파의 소위 '소승 20부'가 성립됨. 《종교학대사전》, 한국사전연구사, 1998.

을 끼쳤겠지만 그에 못지않게 부처님이 법을 설하시기 위하여 논리 정연하게 다듬으신 빠알리 어법 역시 인도에 심대한 영향을 미쳤다고 봅니다. 예를 들면 산스크리트어의 경우가 그렇습니다. 우리가 알고 있는 고전 산스크리트어는 부처님 후에 나온 겁니다. 그 이전부터 부처님 시대까지 쓰던 베딕 산스크리트어라는 것이 있었는데, 브라만들이 신을 예배 찬탄하고 희생제를 거행할 때 쓰던 언어라 특수층에 의한 특수 용도의 특수 언어입니다. 특수 언어 나름의 어법이 당연히 있었을 텐데, 어법이란 것이 원래 언어의 질서인 만큼 따라서 그 질서는 보편성을 지향해야 하지만, 베딕은 신과 브라만들 사이에만 통용되어야 하므로 발음이나 문법도 자연히 신비롭고 난해해서 아무나 함부로 끼어들지 못하도록 막아야 되었겠지요. 따라서 고대 인도의 문헌인 《베다Veda》나 《우파니샤드Upanishad》는 일반인을 향한 불교 경전인 니까아야nikāya의 빠알리어 등과는 문법 체계에서 같을 수도 없고 또 같아서도 안 되겠지요. 사실 빠알리 경전은 부처님이 법을 설하실 때 인간의 소리로, 그것도 일반 대중을 향하여 조리 있고 논리 정연하도록 어법을 다듬으신 게 분명하며, 이 점이 특히 당시 지식 사회의 확대 팽창에 결정적으로 기여했다고 봅니다.

부처님이 직접 설하시고 아아난다가 암송하여 전한 것으로 전해지는 빠알리 오부五部 니까아야9의 특성 중에 일관되게 유지되고 있는 논리성이 눈을 끕니다. 그런데 삼장三藏 중에 논장이야 물론 부처님 직설이 아니고, 율장律藏의 경우도 어투와 어법은 니까아야와 비슷한데, 그 분위기가 사뭇 다릅니다. 율장은 딱딱하기도 하고 무엇보다도 어딘가 신비로운 분위기가 느껴지지요. 또 어떤 점에선 마치 사법부의 판례집 같고 거

---

9 니까아야nikāya : 빠알리 경장. 경장은 오부五部로 분류되는데, 장부-Dīghanikāya, 중부-Majjhimanikāya, 상응부-Saṃyuttanikāya, 증지부-Aṅguttaranikāya, 소부-Khuddakanikāya이다.

기선 부처님도 사생 자부의 면모보다는 엄격한 판사처럼 보입니다.

삼장 중에 경장經藏의 《장부》 앞부분의 계온품戒蘊品 10개의 경經도 계戒를 설하고 있는데 이것이 부처님의 계에 대한 원래의 입장이고, 당시 교단에 입문한 사문들의 진지한 구도 자세를 상상해 볼 때 율장에 담겨 있는 내용들은 교단이 흥성하여 흐트러진 기풍이 생겨나기 시작한 후에 비로소 제정되기 시작한 것이 아닐까 합니다. 경장의 경우 후대의 첨삭이 없지 않았겠지만 그래도 불설의 근본을 훼손할 만큼 그렇게 심각한 것은 아니라고 생각됩니다. 그 정도면 부처님의 원음이라고 충분히 만족할 수 있다고 봅니다. 이렇게 보면 부처님이 경장을 통해 이로정연理路整然하게 논리 체계를 세우신 것이라고 할 수 있습니다. 그리고 그것이 인도에서 참다운 의미의 '문법'의 시초가 되지 않을까 생각해 보는 것입니다.

무엇보다 부처님 당신이 지혜로써 담마를 전하기 위

하여 제일 고심한 게 어법, 즉 문법이라고 봅니다. 그래서 그 문법을 만들고 다듬으로써 아주 정연하게 의사 표시를 하실 수 있었습니다. 그것은 당시 브라만들의 주먹 쥔 손, 핵심을 주먹 속에 감추어 둠으로써 신비의 효과를 극대화시키던 방식과 달리, 한사람이라도 더 많이 법의 소식을 알아차리게 만들려는 활짝 편 손이자 넘치는 자비심의 발로였지요. 그것이 인도에 매우 넓게 영향을 미쳤습니다. 그 당시 엘리트인 많은 브라만들이 부처님께 가서 부처님 가르침에 귀를 기울이고, 심지어 귀의해서 제자가 되었습니다. 브라만 계급이 크샤트리아 계급인 부처님의 제자가 된다는 것은 어쨌든 놀라운 이야깁니다. 카스트가 지배하는 그 계급사회에서 브라만들이 자기네보다 낮은 계급으로 치부하는 크샤트리아 계급인 부처님의 제자가 되었다는 사실은 그만큼 부처님의 감화력이 위대했다는 이야기입니다.

요컨대 부처님이 문법을 만드시고, 그걸 수많은 브

라만들이 와서 배웠습니다. 세월이 지나면서 불교승단에 귀의했던 많은 브라만들이 퍼져나갑니다. 승단에 남아 있거나 아니면 속퇴를 하고 브라만 세계로 귀속하여 활약하게 됩니다. 그들이 무엇을 제일 먼저 시작했을까요? 특수 언어를 위한 문법이 아닌 보다 보편적인 언어문법의 필요성을 느끼지 않았을까요. 이런 관점이 학술적으로는 좀 문제가 있을는지 모르겠지만 그러나 일단 생각해봅시다. 부처님이 너무나 좋은 법의 논리 체계를 문법적으로 세우셨으니까, 비법秘法을 벗어난 개방문법에 목말라 있던 브라만들이 그걸 배워 돌아가서 그러한 문법을 자기네 언어에 담고 싶어 하지 않았을까요. 마치 여기 빛나는 광명이 있는데, 광명에 쏘인 사람이 가서 그 광명 소식을 전하고 활용하는 것과 같은 거지요.

그래서 빠알리어 문법에 영향을 받아 드디어 빠아니니Pāṇini의 산스크리트어 문법(기원전 350년경)이 나오게 된 게 아닐까요. 빠아니니는 부처님보다 후대의 사람입니다. 빠아니니 문법이 나오고 난 후, 문법의 틀에 엄격하게 얽매인 '빠아니니의 산스크리트*Pāṇinic Sanskrit*',[10] 소위 고전 산스크리트어Classic Sanskrit가 되었다고 합니다.

그 산스크리트어를 가지고 브라만들이 《라마야나 *Rāmāyaṇa*》니 《마하바라타*Mahābhārata*》니 하는 오늘날까지도 인도 힌두 문화의 기축을 이루는 문학 작품을 다듬습니다. 부처님 영향을 받아서 문법까지 갖추게 된 산스크리트어라는 언어가 생겼으니까, 그 언어를 가지고 그야말로 그럴싸하게 멋진 작품을 만들어 내기에 이른 거지요. 브라만들이 문학 작품을 잘 다듬어 활용하니까, 그 굉장한 감화력에 불교에 쏠렸던 일반 대중들까지 따라서 돌아가는 회귀 현상이 일어나게 됩니다.

---

10 빈터니츠M. Winternitz, 《인도 문학사 *History of Indian Literature*》, 1908, I 권. 38쪽. 참조.

지금도 인도에 가보면 대학교수들이 주로 브라만입니다. 정부에서 각 계급에 고루 배분하려 법으로까지 노력하는데도 말입니다. 그러니 그 당시에는 더 말할 것도 없었겠지요. 브라만들의 사상적, 교육적, 종교적인 영향력이 절대적이고, 그들이 종래의 닫힌 언어에서 벗어나 열린 언어로 이끄니까 대중들도 돌아가게 되지요. 《라마야나》나 《마하바라타》가 불교의 《자아따까 *Jātaka*》보다 훨씬 재밌거든요. 《자아따까》는 단편 모음인데 비해 《마하바라타》는 재미있는 장편 대하소설이지요.

그 결과 브라마니즘이 불교의 영향을 엄청나게 흡수하여 자기 갱생의 근원으로 삼아 부흥 운동이 일어나지요. 마침내 육파 철학六派哲學이 나오는데, 이 육파 철학 같은 것은 논리적 기본이 없으면 나올 수가 없습니다. 가령 구전口傳으로 내려오던 요가파의 경전 같은 경우는 여러 가지로 미흡한 면이 있을 수 있었는데, 이제는 잘 다듬어져서 불교 니까아야처럼 근사한 경전이 되었습니다.

이처럼 브라마니즘의 새로운 갱생이 낳은 것이 바로 힌두이즘입니다. 산스크리트어라는 언어도 그렇게 만들어졌고, 그에 따라 문학과 철학, 마침내는 힌두교라는 종교도 만들어졌고, 그리하여 인도의 문화 풍토가 결정적으로 바뀌면서 오히려 불교에 치명타를 입히게 됩니다. 불교에 귀의했던 브라만들이 대거 돌아감으로써 불교는 엘리트 빈곤에 시달리게 됩니다.

그러면 어떻게 되겠어요? 불교가 쇠퇴하지요. 쇠퇴해가는 과정에서 승가의 계戒도 무너지고, 학문적인 창조성도 떨어지게 되면서 소위 불교의 여러 말기적 현상이 나타납니다. 그러자 이제는 불교 내부에서 이래서는 안 되겠다 하고 어떻게든 막아보자는 운동이 일어나지요. 그 운동들로 인해 이른바 부파 불교部波佛敎가 생겨난 것이 아닐까 합니다.

이런 입장에서 불교사를 다시 한 번 해석해야 할 필요가 있다고 생각합니다. 역사는 어떻게 보는가, 그 관

점이 중요합니다. 그래서 부파 불교니 소승이니, 대승이니 하는데, 이 모두가 사실은 브라마니즘의 도전을 당면하여 불교의 쇠퇴를 막아내려는 참으로 안타까운 노력에서 나온 거라고 봅니다. 그러다 대승 불교까지 나왔으나 결국은 기본적으로 엘리트 충원이 안 되니까 인도에서 불교가 끝납니다.

그 말은 다름 아니라 아비담마의 창조가 끊어졌다는 뜻입니다. 아비담마란 부처님이 설하신 법, 담마를 변천하는 세계가 어떻게 해석하고 어떻게 체계화해서 어떤 언어로 담아낼 것인가 하는 노력입니다. 이러한 논리의 분상에서 보면 아비담마가 얼마나 중요한지 알 수 있습니다. 부처님 직후의 시대가 만들어낸 아비담마가 바로 논장 칠론七論이지요. 여러분이 알고 있는 유명한 《청정도론》은 그로부터 1000여년이 지나서 서기 5세기경에 만들어진 것으로 남방 아비담마의 대표적인 예입니다. 《해탈도론》, 《청정도론》이 나오고 한참 후에 《섭 아비담마의론》이 나오기에 이르렀지요.

거기서는 이미 불교의 호방한 맛, 큰 맛은 사라지고, 세세하고 좁디좁은 학문적 경향을 보이게 되며 창조성이 사라졌습니다. 그러면서 불교가 인도에서 끝나게 됩니다.

새 아비담마를 기원하며

한편 대승 불교가 중국에 와서 나름대로 큰 발전을 이룹니다. 그래서 그 정점을 이룬 분이 지의智顗 천태대사天台大師(538~597)인데, 그분은 나름대로 대승 불교를 중국화하는 창조적인 노력을 했습니다. 천태대사가 창조적으로 노력을 했으니 불교가 대단히 중국적이고 중국식으로 교학적이 되었습니다.

너무 교학적으로 흐르다 보니까 '수행하는 데 그 많은 복잡한 교학이 뭐 필요한가, 좀 놓자, 논리는 좀 그만 두자, 부처님 가르침이 마음 닦는 것이라면 그럼 뭐 마음부터 한번 닦아 보자' 이렇게 돌아갑니다. 그래서 소위 불립문자不立文字하고, 그리고 이제 마음을 참구하게 됩니다. 이런 흐름의 대표가 되는 분이 육조六祖 혜능慧能대사(638~713)입니다.

혜능대사는 낫 놓고 기역자도 모르는 무식꾼이라고 전해오지만, 그건 교학적 측면이 강조되는 시절이다 보니까 부풀려진 것 같아요. 그 스님이 하신 말씀을 보면 학문에 조예造詣가 깊은 것 같아요. 재미있게도 천태대사가 나온 지 꼭 백 년 만에 육조 혜능대사가 나와서 중국에서 불교가 창조적 변신을 합니다. 그 결실이 선종禪宗 불교입니다.

우리나라에서는 대표적으로 원효元曉대사(617~686) 같은 분이 나오셔서 창의적인 노력을 했지요. 대승 경전의 교학을 논하면서 여러 저술도 남기고, 저자거리에 가서 노래도 부르는 등 갖은 방편을 쓰기도 했습니다.

그러나 과거에 우리 민족은 중국 불교의 영향을 받아 모방하는 정도에 그친 면이 큽니다. 원효스님 저술

마저 중국 불교의 산품으로 간주될 정도니까요. 그러다 보니 새로이 불교를 해석하여 그 시대 그 장소에 맞는 이렇다 할 아비담마가 나오지 못했다고 봅니다. 그것이 오늘날 한국 불교의 살림살이, 즉 내용이 빈약한 원인이라 할 수 있습니다. 그런데 지금 이 지구촌 시대는 과거 어느 때보다 아비담마가 절실히 요청되고 있는 엄중한 시대입니다. 따라서 뿌리 깊은 전통을 지닌 한국 불교가 시대적 요청에 부응하여 불법을 이 시대의 지도 가치로 살려내고 그리하여 새롭고 창조적인 아비담마를 내놓아야 합니다.

이 시대 우리 인류에게 필요한 아비담마를 창조하는 노력을 우리가 선도할 수 있도록 진지한 노력을 기울여야 할 때가 되었습니다. 이제 우리가 새로운 아비담마를 통하여 부처님과 인류에게 빚 갚기 시대로 들어가야 하겠습니다. 우리 민족이 주변 국가들로부터 문화적 신세를 많이 졌으니 이제 우리도 갚을 때가 됐지요. 우리 민족도 각계각층에서 빚 갚는 노력을 해야 하고, 그러려면 먼저 문화 활동에서 시작되게 해야 할 것입니다. 그리고 그와 같은 노력이 계속되고 좀 더 심화되어 체계성과 논리성 그리고 보편성을 지녀서 이 시대의 창조적인 아비담마 운동으로 이어지게 되기 바랍니다. 이제 우리가 새로운 아비담마 시대를 열어가야 하겠습니다. 이 시대 우리 인류에게 필요한 아비담마를 창조하는 노력을 진지하게 해야 한다는 말입니다.

시절 인연이 무르익었는지 이제 한국도 '해동海東' 한국을 벗어나 세계 속의 한국으로 발돋움하고 있습니다. 연예계에서 그 서막을 열고 있지요. 〈고요한소리〉도 부처님과 인류에게 빚 갚는 길에 동참하기 위하여 보편성을 지닌 아비담마를 창조해야 한다는 좀 큰 뜻을 가지고 활동을 시작하였습니다. 〈고요한소리〉는 부처님 원음을 알리려는 역할을 자임하고 나서서 나름대로 애를 써왔습니다. 우선 인프라 개선이 급선무라고 느꼈습니다. 〈고요한소리〉를 시작할 때, 당시 우리나라 불교 책이 탈자, 오자, 편집, 인쇄, 제본 모두가 매우 조잡하고, 값도 비싸고, 또 한자투성이어서 이런 걸 고치고, 한글세대에게 맞는 출판을 해야 한다고 생각했습니다. 그런 면에서 〈고요한소리〉 출판물은 저가격, 고품질을 지키려고 노력하고 특히 윤문에 정성을 쏟아왔습니다. 그동안 독자들이 근본불교에 쉽게 접근할 수 있는 여건을 마련하기 위해 BPS 책자들을 번역 소개하는 작업부터 시작했지요.

그런 작업은 빠알리 경의 존재도 잘 모르던 시절에 빠알리 경을 소개하기 위한 방편이었습니다. 마침내 여러 스님들과 불자들이 빠알리 경을 공부하러 유학을 다녀오고 그래서 우리나라에서 불과 30년 만에 개인의 노력으로 빠알리 경을 두 질이나 번역해내는 등 획기적인 성과가 이루어졌습니다. 이런 면에서 보더라도 우리 스님들과 불자들이 부처님 원래 가르침에 대한 관심과 에너지가 충만해진 것을 알 수 있습니다. 앞으로는 더욱더 창조적인 단계로 발전하여 인류에게 기여

할 수 있게 되기를 진심으로 기대합니다.

최근 〈고요한소리〉에서 '소리' 문고가 나오는데, 그건 여기 법회에서 한 이야기를 엮은 것입니다. 언젠가 근본불교에 대한 이야기를 조금 더 본격적으로 추진해서 외국에도 알리고자 합니다. '소리' 문고가 외국에서도 읽히게 되면 한국의 근본불교 연구 성과가 더 널리 전달되지 않을까 생각하기 때문입니다.

조금 전에 아비담마가 얼마나 중요한지 짚어 보았지요. 그렇다면 과연 이 시대에 맞는 합리적이고 보편적인 아비담마는 어떤 것일까요?

종교든 신앙이든 믿음이든 어떠한 종교성도 배제하고 순수하게 진리 자체를 추구하면서 이 시대의 중생을 위해 노력한다면, 그것이 아비담마라고 생각합니다. 예를 들어 요즈음 새로 일어나고 있는 과학도 넓은 의미에서 아비담마라고 봅니다. 불교의 입장에서 보면 과학 역시나 진리를 추구하는 아비담마 운동입니다. 이 시대에 진리를 추구하는 노력이니까요. 물론 응

용과학 분야가 주를 이루고 상업적인 면이 지배적이지만, 그래도 서양에서 양심적으로 진리를 추구하는 사람은 역시 과학자들이라고 봅니다. 순수과학자들이 진리를 추구하려는 노력, 그것은 아비담마적 노력이라봐야 되겠지요. 그러나 그것은 과학적인 언어로 과학적 방식으로 과학자들이 하고 있는 아비담마입니다. 그렇다고 과학이 하는 아비담마도 아비담마니까 과학이 하는 아비담마를 불교라고 말할 수는 없습니다. 불교와 과학은 추구하는 진리의 범주가 아직은 현격하게 다르기 때문입니다.

결론적으로 불교적 아비담마를 창조하는 것이 이 시대의 새로운 흐름이라고 볼 때, 과학적 아비담마와 불교적 아비담마가 서로 겨루기도 하고 서로 협력도 해서 어떠한 새로운 사상적 경향을 빚어낼 수 있지 않을까하는 기대는 가능하다고 봅니다. 그런 새로운 아비담마를 빚어내는 것이 이 시대를 사는 우리의 의무가 아니겠습니까? 그 과학적 아비담마를 어떻게 불교와

접목시킬 것인가가 과제입니다. 최근 미산스님이 카이스트에 '명상과학연구소'를 마련하고 '하트 스마일 명상HST' 운동을 펴고자 노력하시는 것도 불교와 과학을 접목하는 가능성을 모색하는 것이라는 점에서 참 시의적절하다고 봅니다.

그런데 이 시대 아비담마를 고려할 때 현실적으로 부딪치는 문제를 생각하지 않을 수 없습니다. 오늘날 한국 사회가 안고 있는 문제점들이 실로 엄중합니다. 한국 사회가 지금 겪고 있는 이 상황이 범상치 않습니다. 과거 우리가 살아 온 시대는 암흑의 시대라고 해도 과언이 아닙니다. 그러다 보니 우리는 그야말로 웃음을 잃어버린 세대입니다. 게다가 우리가 불신 시대를 살고 있지 신뢰 시대를 살고 있습니까? 예를 들면 자식들에게 '정직하라, 참되어라, 거짓말하지 마라, 남 속이지 마라, 나쁜 말 하지 마라'라고 법에 있는 말 그대로 가르치지 못하고 있지요. 오히려 요새는 '남 믿지 마라, 낯선 사람 오거든 경계하라'라는 식으로 조심시

켜야 하는 불신의 시대, 어둠의 시대를 살고 있습니다. 우리 모두 어떤 가치를 이야기할 수 있어야 하는데, 모든 가치를 무너뜨리고 부정하고 두려워하고 있으니 이 세상살이가 어떻게 편할 수 있습니까? 어떻게 자식 교육을 감당할 수 있겠습니까?

어린이 포교 문제도 이 사회에선 큰 딜레마입니다. 아무런 독자적 사유 능력과 판단 능력이 없는 어린이들에게 종교적인 성향을 주입시키는 것은 그들을 세뇌하고 맹목화하는 것 아닙니까? 어린이들에게 불교 교육을 시키기가 어려운 것도 문제이고, 그렇다고 교육 자체를 포기하는 것도 문제입니다. 어린이 교육 문제만이 아닙니다. 4차 산업혁명이라는 인류 초유의 대변혁에 당면하여 모든 기존 가치관과 사고체계들이 존립 차원에서 고민하고 있습니다. 특히 기존 종교들의 경우가 더욱 심합니다. 이럴 때엔 4차 산업혁명의 주역인 과학 기술계와의 대화가 필요할 텐데 기존 종교들은 이 면에서 난관에 봉착합니다. 단 불교만은 예외입니다. 중도中道와 합리주의 때문입니다. 불교는 얼마든지 과학과 소통이 가능할 뿐 아니라, 그들의 문제를 푸는데 크게 도움을 줄 수 있는 유일한 실체입니다. 현재 상황이 인류에게 위기로 변질된다면 그땐 더욱이나 불교의 역할이 커질 것입니다. 불교를 지혜와 자비의 종교라고 하지요. 물론 이때 종교라는 말은 '마루 종宗, 가르침 교敎' 자의 '근본적 가르침'을 뜻하지요. 불교가 지혜를 중요시하는 만큼 불교는 어떻게 하면 그 지혜를 계발할 것인가 그리고 우리 인간에게 지혜의 근본이 되는 요소가 무엇인가를 천착합니다.

요새 한국 사회에 평등과 평화에 대한 관심이 커지고 조금은 어둠이 스러져갈 징조도 나타나고 있지요. 사람답게 숨 좀 쉬고 살게 되겠다는 기대 아니겠습니까? 그런 희망이 생긴다는 건 참 대단한 이야깁니다. 그것은 드디어 불교가 불교답게 부처님 가르침인 법, 담마를 논하고, 이 시대를 위한 아비담마를 창조할 수 있도록 여건이 성숙되고 있다는 증좌證左라 봅니다. 불교는 편안함과 안온함이어서 절박함이나 긴장과는 거리가 멉니다. 본질적으로 불교는 평등과 평화의 가르침이거든요.

그런데 불교는 진리에 관한 이야기이다 보니까 진리를 논하는 사람이 현실 세계에서 겪어야 하는 온갖 애로는 피할 수 없습니다. 어떻든 이런 난관을 넘어서는 것이 이 시대에 우리 불자들의 과제이고, 새로운 아비담마를 창조하려는 노력을 통해 우리가 풀어내야 할 과제이기도 합니다.

여러분, 이 시대를 위한 새로운 창조적인 아비담마의 창발은 부처님 가르침, 담마를 향한 스님들과 불자들의 에너지가 충만하고 염원이 나날이 커질 때 비로소 가능하게 될 것입니다. 우리 함께 그런 날이 하루 빨리 오기를 기대하면서 정진합시다! ✿

말한이 **활성 스님**

1938년 출생. 1975년 통도사 경봉 스님 문하에 출가. 통도사 극
락암 아란야, 해인사, 봉암사, 태백산 동암, 축서사 등지에서 수
행 정진. 현재 지리산 토굴에서 정진 중. 〈고요한소리〉 회주

〈고요한소리〉는

- 붓다의 불교, 붓다 당신의 불교를 발굴, 천착, 실천, 선양하는 것을 목적으로 설립되었습니다.
- 고요한소리 회주 활성스님의 법문을 '소리' 문고로 엮어 발행하고 있습니다.
- 1987년 창립 이래 스리랑카의 불자출판협회BPS에서 간행한 훌륭한 불서 및 논문들을 국내에 번역 소개하고 있습니다.
- 이 작은 책자는 근본불교를 중심으로 불교철학·심리학·수행법 등 실생활과 연관된 다양한 분야의 문제를 다루는 연간물連刊物입니다. 이 책들은 실천불교의 진수로서, 불법을 가깝게 하려는 분이나 좀 더 깊이 수행해보고자 하는 분에게 많은 도움이 될 것입니다.
- 이 책의 출판 비용은 뜻을 같이 하는 회원들이 보내주시는 회비로 충당되며, 판매 비용은 전액 빠알리 경전의 역경과 그 준비 사업을 위한 기금으로 적립됩니다. 출판 비용과 기금 조성에 도움주신 회원님들께 감사드리며 〈고요한소리〉 모임에 새로이 동참하실 회원을 기다리고 있습니다.
- 〈고요한소리〉 책 읽기와 듣기는 리디북스RIDIBOOKS와 유나방송에서 만나볼 수 있습니다.

- 〈고요한소리〉 회원으로 가입하시려면,

    이름, 전화번호, 우편물 받을 주소, e-mail 주소를 〈고요한소리〉 서울 사무실에 알려주십시오.

    (전화: 02-739-6328, 02-725-3408)

- 회원에게는 〈고요한소리〉에서 출간하는 도서를 보내드리고, 법회나 모임·행사 등 활동 소식을 전해드립니다.

- 회비, 후원금, 책값 등을 보내실 계좌는 아래와 같습니다.

        국민은행 006-01-0689-346

        우리은행 004-007718-01-001

        농협   032-01-175056

        우체국   010579-01-002831

        예금주   (사)고요한소리

마음을 맑게 하는 〈고요한소리〉 도서

금구의 말씀 시리즈

소리 시리즈

단행본

붓다의 말씀

이 도서의 국립중앙도서관 출판예정도서목록(CIP)은
서지정보유통지원시스템 홈페이지(http://seoji.nl.go.kr)와
국가자료공동목록시스템(http://www.nl.go.kr/kolisnet)에서
이용하실 수 있습니다. (CIP제어번호 : CIP2018030423)

소리 · 열다섯

담마와 아비담마
‒ 종교 얘기를 곁들여서 ‒

초판 1쇄 발행 2018년 10월 10일
초판 2쇄 발행 2020년 07월 30일

말한이	활성
펴낸이	하주락 · 변영섭
펴낸곳	(사)고요한소리
출판등록	제1-879호 1989. 2. 18.
주 소	서울시 종로구 인사동길 47-5 (우 03145)
연락처	전화 02-739-6328, 725-3408 팩스 02-723-9804
	부산지부 051-513-6650 대구지부 053-755-6035
	대전지부 042-488-1689
홈페이지	www.calmvoice.org
이메일	calmvs@hanmail.net
ISBN	978-89-85186-96-4 02220

값 1000원